Janelas abertaS

CIP-BRASIL. CATALOGAÇÃO NA PUBLICAÇÃO
SINDICATO NACIONAL DOS EDITORES DE LIVROS, RJ

R597j

Rodolf, Lauria Beatriz
    Janelas abertas / Lauria Beatriz Rodolf. – 1. ed. – Porto Alegre [RS] : AGE, 2024.
    64 p. ; 14x21 cm.

    ISBN 978-65-5863-271-9
    ISBN E-BOOK 978-65-5863-275-7

    1. Poesia brasileira. I. Título.

24-88633   CDD: 869.1
                        CDU: 82-1(81)

Gabriela Faray Ferreira Lopes – Bibliotecária – CRB-7/6643

Lauria Beatriz Rodolf

Janelas abertas

Editora AGE

PORTO ALEGRE, 2024

© Lauria Beatriz Rodolf, 2024

Capa:
Nathalia Real,
utilizando imagem de Freepik

Foto da autora:
Karine Viana

Diagramação:
Júlia Seixas

Supervisão editorial:
Paulo Flávio Ledur

Editoração eletrônica:
Ledur Serviços Editoriais Ltda.

Reservados todos os direitos de publicação à
LEDUR SERVIÇOS EDITORIAIS LTDA.
editoraage@editoraage.com.br
Rua Valparaíso, 285 – Bairro Jardim Botânico
90690-300 – Porto Alegre, RS, Brasil
Fone: (51) 3223-9385 | Whats: (51) 99151-0311
vendas@editoraage.com.br
www.editoraage.com.br

Impresso no Brasil / Printed in Brazil

Apresentação

Você já pensou em publicar um livro?
Você escreve e nem pensa em divulgar?
Escrevo desde sempre. Adoro escrever.
Não recordo quando iniciei com as poesias.
Lembro da agonia ao me dar conta de ter esquecido uma pasta cheia de poesias num táxi, em Novo Hamburgo, minha cidade natal, na minha adolescência.
Com isso, parei um tempo de escrever poesias. Tenho vários outros rabiscos amarelados ou mais recentes. Não perdidos, ainda bem!
As poesias fazem parte de mim e me representam.
Algumas nasceram da contemplação, da tristeza, da dor da perda, da frustração, e outras da alegria de viver. Várias emoções e um abrir-se à vida.
Dizem que o poeta escreve para desabafar: uma terapia solitária. Acredito que a vontade de escrever é como cantar, tocar algum instrumento, dançar, fotografar, encenar, desenhar e tantas outras artes. Pode ser um *hobby* somente ou um dom que foi despertado e desenvolvido em sua profundidade. Um aprendizado artístico em evolução sempre.
Lia muita poesia, diversos poetas, mas não sigo alguém para escrever. Aprecio muito as poesias de Fernando Pessoa e lia os poetas clássicos na época da Faculdade de Letras.
Trago uma estrofe da poesia de Fernando Pessoa que aborda inquietação e sempre me fez pensar, além de outras dele.

"**Não sei quantas almas tenho**
Não sei quantas almas tenho.
Cada momento mudei.
Continuamente me estranho.
Nunca me vi nem acabei.
De tanto ser, só tenho alma.
Quem tem alma não tem calma.
Quem vê é só o que vê,
Quem sente não é quem é."

Ao escrever esta introdução, lembrei-me também do poeta gaúcho cujas poesias nunca tinha lido, Luiz Carlos Goulart de Miranda, que conheci num evento. A partir daí, conversamos por telefone, por mensagens, e ele me mandava várias poesias para ler e comentar. Ficamos de nos encontrar novamente para um cafezinho, mas não aconteceu. Ele me incentivou muito a publicar minhas poesias.

Agora estão em suas mãos, caro leitor, algumas delas. Compartilho um pouco de mim.

Você pode se identificar ou não com minha poesia. Apreciando ou não, estarei contente mesmo assim.

Porque agora você, leitor, faz parte da minha vida.

Porque janelas foram abertas.

Serei eternamente grata a várias pessoas que me incentivaram a publicar este livro.

Ressalto a amiga Ana Luisa de Souza Pettoruti, que fez um depoimento emocionante para a contracapa deste livro. Também a Scylla Jardim, por ter me desafiado a tirar as poesias da gaveta. À Vera Lúcia Broki Brasil agradeço o empurrão dado.

Não posso deixar de apontar e reconhecer meus pais, Antônio e Edithe, moradores na eternidade, como incentivadores de meus estudos e de minhas "maluquices", mesmo na fase adulta. Deus os tenha e continuem a pedir minha proteção a Ele também.

Algumas janelas foram abertas e, se Deus quiser, outras serão.

Abraço carinhoso,
Lauria

Sumário

JANELA FECHADA

Tique-taque 13
Amarras 14
Eu 15
Momentos 16
A vida 17
Águas 18
Covardia 19
Sem vida 20
Sono perdido ou não? 21
Mais uma vez! 22
Insegurança 23
Fuga 24
Desabafo 25
Vida nas janelas 26
Caverna 27

DESCOBERTAS

A chuva 31
Domingos 32
Descobertas 33
Esperança 34
Naquele banco! 35
Percepção 36

Primavera 37
Folhas mortas 38
Chuva de lado 39
Janelas semiabertas 40
Curiosidade 41
Ausência 42
Ideias 43
Promessas 44

VOAR

Pássaro livre 47
A janela 48
Esperar 49
Dia a dia 50
Poesia 51
Saborear 52
Contemplar 53
Sonhar 54
Vida pela janela 55
Seguir 56
Borboletas 57
Alegria em flor 58
Juntos 59
Lua indiscreta 60
Um dia 61
Energia 62
Vento e vida 63
O mar e eu 64

JANELA FECHADA

Tique-taque

O relógio roda, roda.
Muito rápido.
É dia, é noite, é dia.

Meu coração bate.
Não segue o relógio.
Sinto mais lento,
Truncado!

Pobre coração!
Quer parar no tempo!
O relógio não deixa.
Roda, roda, roda!

O coração espia!
Vê, sente diferença!
É a esperança acalmando
Seus tiques e taques.

Amarras

Amarrada, estou,
Presa ao tempo!
Tempo inadequado.
Prensada demais estou!

Dias vão, dias vêm.
Acordar me desperta!
Novo dia me acalenta!
Mas, pensamentos ruins vêm.

Tento me libertar.
Olho-me e analiso,
Imagino-me flutuando,
Buscando me libertar.

Flutuo em outro tempo.
Tempo de grandezas, alegrias,
Indo ao encontro de velhas alegrias.
Mas, quero este tempo!

Eu

Desperto e me imagino
Caminhando por verdes campos.

Concentro-me nos pensamentos.
Busco o concreto da ocasião.

Encontro a imensidão.
Vislumbro o nada.

Sinto-me perdida.
Procuro uma flor, algo pequeno.

Sinto-me pequena,
Sem ação.

Nada entendo!

Momentos

Meu hoje
Não será nada do amanhã.

Lembranças queridas de
Momentos furtivos.

De amor infinito!
Dum presente dourado e sólido!

A vida

Pela janela vislumbro
Ombros caídos,
Peito encolhido,
Andares pesados.

Crianças saltitando,
Corpos leves e soltos,
Roupas flutuando,
Gritos não contidos.

Cachorros latindo,
Enroscados nos corpos
Buscando aquecimento.

Senhoras correndo,
Esquecendo seus corpos,
Procurando, procurando...

Águas

Água mansa,
Lento correr.

Minha vida seria
Como esta lagoa.

Sem ser rio,
Sem querer ser lagoa.

Um mar frustrado!

Covardia

Conversas bobas
Sem sentido.
Falar é decidir.
Expor-se é decidir.

Decisão magoa.
Alguém sofrerá.

Só seguir em frente,
Sem união.

Cada um levando
Seu caminho e
Seguindo.

Sem vida

Minha vida
Espelha-se no
Mexer das árvores.
Lentamente.
De um lado para outro
Deixando-se levar.

Sono perdido ou não?

A angústia me possuiu
Na madrugada silenciosa.
Dúvidas e dúvidas.
Meus olhos semicerrados.
Minha cabeça voando.
Pensamentos se desequilibrando.

Difícil tomar decisão.
Chega de pensar!
Sono, por favor, me toma,
Apaga tudo.
Preciso.

Clarão luminoso
Branco, amarelo, laranja,
Violeta mais intenso.
Ideias surgem, se locomovendo.

Tudo faz sentido.
Nova visão surge.
Luz de hipóteses.
Ações para outro dia.

O dia é agora!
Apaguei sonolenta.

Mais uma vez!

Novamente no
Mesmo lugar,
Mesmas dúvidas!

Procuro forças,
Procuro-me!

Onde está a
Guerreira?
Ombro de todos!
Vencedora da vida!

Escondida na
Solidão do hoje.
Na fuga de si,
Nos desejos de mudança.

Insegurança

Uma porta se abre.
Fico parada.
Ninguém a abriu.
Será imaginação?

Transpasso ou não?
Nada mc impede.
Mas tudo me impede.

Vislumbro diferenças,
Novos desafios.
Continuo parada.

Cada porta, novo cenário.
Nada ficará igual.
Sigo rumo ao Infinito.

Fuga

Eu caminho,
Paro e penso.
Escolher, difícil.

Ir junto,
Estar contigo ou
Permanecer aqui.

Razão e emoção.
Que dualidade!
Meio termo ajudaria.

Covardia minha.
Ousadia tua ou
Simplesmente fuga.

Desabafo

Lágrimas se soltaram,
Presas estavam nos anos esquecidos,
Nas lembranças apagadas.

Veio uma saudade incontrolável
De um dia de sintonia mágica,
Um dia de cuidado especial,
Um dia de ficar juntos.

Choro pelo tempo não vivido,
Pelos anos sem contato,
Pelas ausências e desencontros,
Pela busca e recuos.

Chorei de pena por sentir
Pela saudade morta,
Pelo desejo sem esperança,
Por não saber nada e
Querer que fosse diferente.

Vida nas janelas

Olho pelas janelas de minha sacada
O hospital cheio de janelinhas.
Algumas com cortinas pouco abertas,
Outras fechadas.

Vidas atrás das janelas.
Vidas apáticas...
Vidas esperançosas...
Em paz ou desesperadas?

Ninguém nas janelas.
Queria ver alguém.
Pena.

Caverna

O leão em mim
Está adormecido.

Ele não é covarde.
Sua força é *top*.

Em qual caverna se escondeu?
Preciso dele.

Acordar,
Libertar-se!

DESCOBERTAS

A chuva

Ela, sempre ela.
Ela me pega de um jeito!
Mexe nos meus desejos.
Invade meus pensamentos.

Seu poder sobre mim impressiona.
Não consigo reverter seu efeito.
Chega e me toma,
Completamente, dominando-me.

Meus olhos parecem transmitir seu lento cair, frio e
[úmido.
Meus braços caem desanimados também.
Minhas pernas se arrastam...

Essa melancolia, esse vai e vem,
Esse ritmo sem ritmo me sufoca.
Ela me lembra tudo...
Principalmente o que não me dá: carinhos.

Domingos

Domingo, dia de encontros,
Calmaria, roda de amigos,
Preguiça gostosa,
Conversas e entregas de amantes.

Dia de não pensar em tempo.
Soltar-se ao bel-prazer do nada.
Sentir-se flutuante no espaço,
Sem espaço marcado no agora.

Manhã de silêncio de tumultos,
Sossego de movimentos estridentes,
De espiar se o sol impera ou não.

A tarde chega leve, sem cobrança.
A noite é consequência de uma sesta.
Vibrar com o pôr-do-sol é o presente momento.

Descobertas

Caminhando,
Vou me abrindo,
Mostrando minhas feridas.

Cortando caminhos,
Enxergo porteiras,
Campos virgens,
Vegetação esmagada.

Nas folhas secas, me vejo.
Na água parada, me assusto.
Prendo-me ao chão vermelho
E úmido.

O cantar do pássaro me chama,
O sol reaparece a saudar...

Uma encruzilhada para decidir.
Um novo caminho a percorrer.

Esperança

Galhos secos,
Folhas caídas,
Retrato de mim!

Pensar em renovação,
Afastar momentos de frustração.

O novo deve vir.
O agora é passageiro.

Naquele banco!

Um banco comum,
No mesmo lugar, há anos,
No meio do caminho,
No meio do jardim deslumbrante.

Com ele, lembranças.
De espera de trabalho;
De namoros iniciados;
De alegrias de maternidade;
De novas esperanças sentidas.

Testemunha de mudanças internas;
Amores perdidos; relações refeitas;
Sonhos compartilhados.
Nova vida, novos desejos,
No mesmo banco de jardim.

Percepção

Você me olha
E me acha antipática.

Você me rotula.
Você precisa me
Olhar novamente.

Você não vê
O que existe
Dentro de mim.

Sou muito mais
Do que você vê.

Primavera

Estamos na primavera.
É festa em nossa vida.
Esperanças renovadas em cada
Novo brilho, nas cores e em novos perfumes.
É a vida brotando e se expandindo.
Pássaros cantam mais.
Crianças se alegram.
Homens cultivam novas esperanças.
É a dança primaveril da vida.

Folhas mortas

Folhas secas das folhagens
Colocadas no lixo.
Lixo. Nossa!

Seu tempo de vida, quanto?
Suficiente para alegrar?
Não sei.

E nós?
Voltamos pó à terra
Em que tempo?

Sem pensar.
É melhor assim.

O ciclo da vida
Se fechando...

Chuva de lado

Água correndo na horizontal
Penetrando nas folhas das árvores,
Abraçando o vento a lhe levar.

Chuva fininha,
Quase invisível,
Batendo nos passarinhos
A se abrigar.

Humanos?
Ah! Fogem dela.
Ela os derruba.
Linda chuva!

Janelas semiabertas

Quantas vidas atrás delas!
Quantas lembranças!

Amores vividos,
Amores perdidos.

Desejos imensos de estender a mão,
De sentir alma com alma.

Janelas fechadas para a vida.
Será?

O corpo preso.
A mente voa.

Liberto no amor da vida.
O coração foge pelas janelas.

Curiosidade

Olho as casas e
Reflito sobre seus moradores.

Quem são?
Serão felizes?

Casas verdes, cinzas,
Brancas e tijoladas.
Gostos diversos.

Pequenas, grandes e
Sobrepostas.

Que sonhos terão?

Ausência

Névoas tomaram
Conta de mim.

Cinza ficaram minha face e
Meu coração.

Angústia da ausência.

Ausente da vida,
De cores alegres,
De esperança de
Amar novamente.

Ideias

Ideias fervilham na minha cabeça;
Uma leva à outra.
Parecem ingredientes
Num triturador.

Preciso tirar e
Escolher alguns.
O recipiente não comporta tudo.

A velocidade do triturador é
Mais lenta.
Não é deste tempo.

Promessas

Promessas,
Não!
Quero o hoje.

O sol a me acariciar.
A brisa do mar a
Me levar.

A água fria a
Me sacudir.
A areia nos meus pés
Me aconchegar.

O infinito do mar
E eu a contemplar
O agora.

VOAR

Pássaro livre

Pássaro
Que voas livre,
De flor em flor,
Em jardins sempre diferentes,
Liberta-me desta gaiola dourada,
Ensina-me novamente a voar.
Ensina-me a ser eu,
Pássaro livre.

A janela

A janela tem vida.
Uma mulher passeia com seus cachorros,
Um vovô ajoelha-se para limpar as sujeiras de seus
[bichos,
Uma criança chora chamando atenção.

Que idade têm essas criaturas?
O tempo que a vida lhes deu...
O tempo despendido com as crianças,
O tempo da dificuldade de se abaixar.

Da janela me pergunto se o tempo dado aos bichinhos
Não seria mais bem aproveitado com outra atividade,
Oferecimento de atenções às crianças,
A outros vovôs, ao crescimento pessoal.

Minhas dúvidas seriam egoísticas?
Terei direito de criticar...
E o meu tempo... Está na janela?
Como a velhinha da sacada observando...

Esperar

Esperar, verbo infinitivo,
Desejos contidos,
Saudade incontrolável,
Esperança renovada.

Esperar novo filho,
Aguardar retornos,
Sonhar com o impossível,
Ansiar o novo simplesmente.

Apodero-me da espera
Inundada de paciência,
De um rio imenso.

Banhada de esperança,
Aguardo um novo amanhã
Para viver infinitivamente.

Dia a dia

Novo dia!
Detive-me na sala.
Um pássaro me observava.

Seria um pombo-correio?
Um filhote de reco-recos?
Um louva-deus? Não...

Ele, ora, queria o vaso florido.
Louva-me Deus!
Meus pisca-piscas gelaram.

O vidro nos separava.
E ele foi embora.
Seria um vai-volta?

Poesia

Poesia é externar
Todos os sentimentos
Mantidos na gaiolinha
De cada ser.

É mostrar-se por inteiro.
Deixar sua essência fluir.
Desnudar-se.
Transformar algo comum em belo.

É brincar com as palavras
Sem intenção de atingir o outro.
É um desabafo intenso.
Alegria pura, também tristeza.

É aproximação do infinito.
É espelhar-se.
Ser inteiro.
Não se importar com o "mas".

Saborear

Uma lagoa,
Água sem se mexer,
Pinheiros balançando,
Céu nublado,
Trovões nas nuvens.

Eu a contemplar,
Música a tocar.

Uma cerveja a bebericar...
Querer mais?

Contemplar

Silêncio.
De pensamentos.

Escuto os pássaros.
Cantam. Brincam.

Ouço os pingos da chuva.
Caem e vão embora.

Contemplo as águas mansas do lago.
A calmaria das árvores.

Muita paz!

Sonhar

Varinha mágica,
Olho encantada,
Balanço-a de um lado
A outro.

Transforme esse
Desejo em um
Abraço do amado.

Envolta nessa magia,
Desperto.

Coração apertado.
Leve por instante.
Esperançosa do amanhã.

Vida pela janela

Carros devagar ou correndo.
Barcos navegando.
Bicicletas piscando.
Velas balançando.
Gritos de crianças.
Risadas, muitas.
Águas borbulhando.

Eu saboreando
Um bom livro,
Uma cerveja,
Minha companhia.
Por que querer mais?

Seguir

Sem pressa
Sigo a vida.

Esperança ao meu lado,
Desejos, muitos.
Planos, alguns,
Vontade, morna.

Passo a passo
Vou indo.

Borboletas

Borboletas,
Azuis, amarelas,
Multicoloridas.

Identificam-se
Com meus sonhos.
Voar!

Alegria em flor

Uma rosa amarela,
Linda, brilhante,
Escondida no meio do mato.

Recolhida.

Está alegrando
Agora minha sala.

Viva, bela,
Amarela-ouro.

Juntos

Egoísmo meu.
Quisera receber atenção.
Receber um bom-dia carinhoso.

Responder ao que vamos fazer hoje?
A alguém.

Ficar aninhados,
Aconchegados na ternura,
Sem pressa do depois.
Viver o agora juntos.

Lua indiscreta

A lua espia-me lá fora.
Parece querer entrar pela janela.
Invadindo casa alheia.
Tomando assento em lugar errado.
Arrastando-se em corredores
Desconhecidos.

Mergulha em ruelas escuras.
Escondendo-se de não se sabe quem.
Ignorando a si mesma.

Avançando, avançando,
Sem saber como e por quê,
Somente avançando.
Tomando partido,
Buscando, buscando.

Um dia

Novo dia,
Nova manhã,
Sol quente,
Céu azul.

Nuvens faceiras
Brincando como bichos
De pega-pega.
Maravilha!

Vento vem e leva as folhas
Para longe das árvores,
Formando um tapete colorido,
Macio ao pisar.

Chuva não vem.
Pôr-do-sol, sim.
O dia se despede.

Energia

A energia do mar
Me sacode,
Seu barulho melodioso,
Suas espumas a se esparramar.
Ondas altas, médias, pequenas
Se quebram e vão e vem.
Seu som é melodia à alma.
Acalma a noite
E eu também.

Vento e vida

Vento que vai,
Vento que vem,
Vai-e-vem,
Vem-e-vai.

Vai para onde?
Vem de onde?

Parada, não tem.
Vem-vai.
Vai-e-vem.

O mar e eu

As espumas das ondas
Acariciam meus pés.
A areia da praia
Tenta me balançar.
As ondas me levam
Para trás.

Sigo em frente.
Olho o horizonte
E sorrio.

Água azul,
Mar quente e
Brisa leve.

Ao longe,
Um barco colorido
Se mostra.

Meus pés gelam.
Minha cabeça fervilha.
Em vários portos me vejo.
Mar te quero!